BEI GRIN MACHT SICH IHR WISSEN BEZAHLT

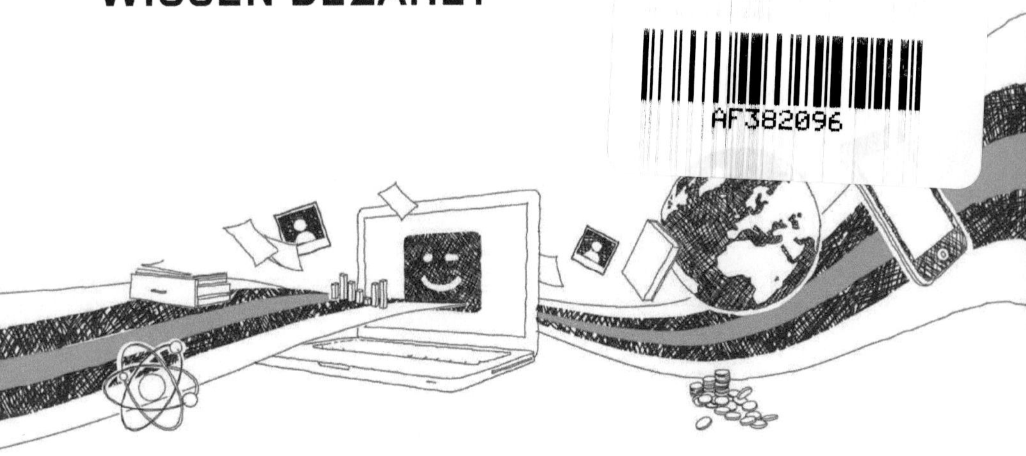

- Wir veröffentlichen Ihre Hausarbeit, Bachelor- und Masterarbeit

- Ihr eigenes eBook und Buch - weltweit in allen wichtigen Shops

- Verdienen Sie an jedem Verkauf

Jetzt bei www.GRIN.com hochladen und kostenlos publizieren

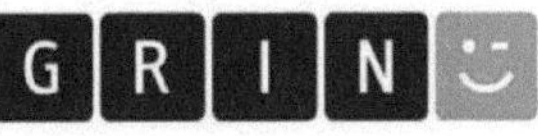

Ernst Probst

Pola Negri - Der Stummfilmstar aus Polen

GRIN Verlag

Bibliografische Information der Deutschen Nationalbibliothek:

Die Deutsche Bibliothek verzeichnet diese Publikation in der Deutschen National-
bibliografie; detaillierte bibliografische Daten sind im Internet über http://dnb.d-
nb.de/ abrufbar.

Impressum:

Copyright © 2012 GRIN Verlag, Open Publishing GmbH
Druck und Bindung: Books on Demand GmbH, Norderstedt Germany
ISBN: 978-3-656-18618-2

Dieses Buch bei GRIN:

http://www.grin.com/de/e-book/192848/pola-negri-der-stummfilmstar-aus-polen

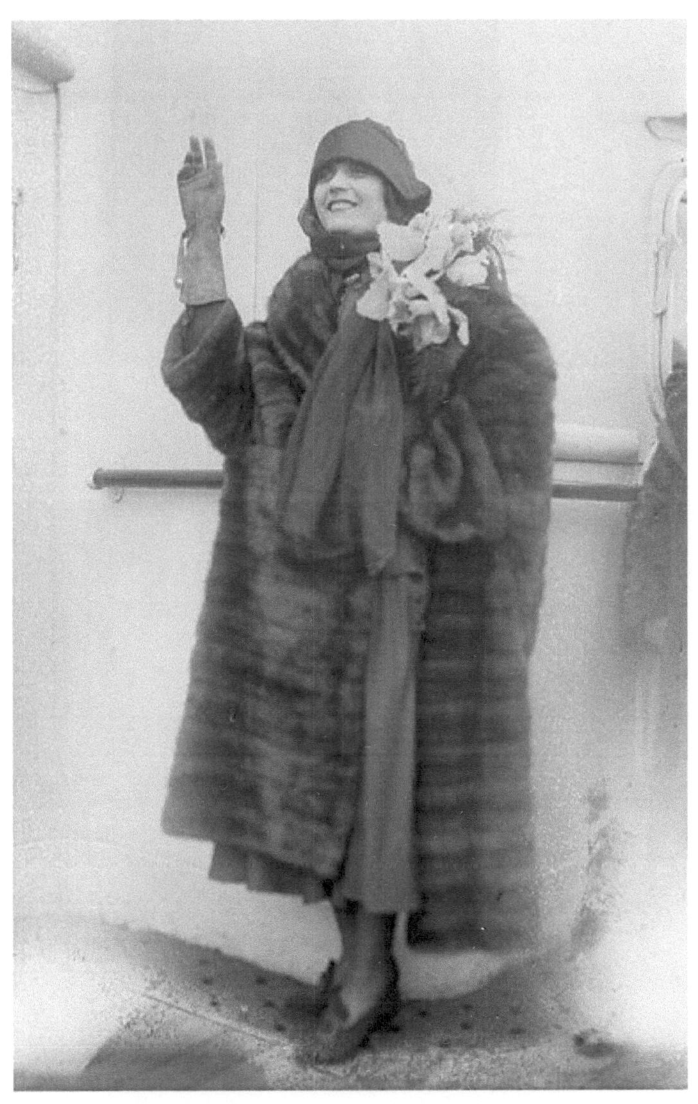

Pola Negri (1894–1987) auf einem Foto von 1927

Ernst Probst

Pola Negri

Der Stummfilmstar
aus Polen

Beate Werner,
Bernd Werner.
Marianne Werner,
Otto Werner,
Sonja Werner,
Dr. Jochen Werner,
Christine Werner und
Steffen Werner
gewidmet

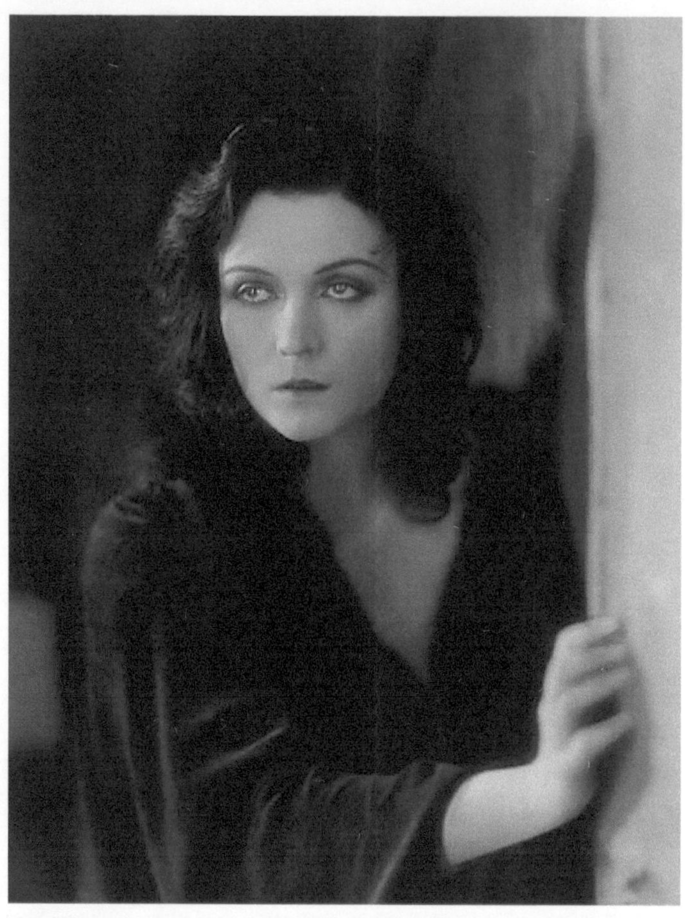

Pola Negri

Pola Negri

Der Stummfilmstar aus Polen

Ein Stummfilmstar der 1910-er und 1920-er Jahre war die aus Polen stammende Schauspielerin Pola Negri (1894–1987), eigentlich Barbara Apolonia Chalupiec. Ebenso wie die Deutsche Marlene Dietrich (1901–1992) und die Schwedin Greta Garbo (1905–1990) wurde sie bereits zu Lebzeiten zur Legende. Die „Queen of Vamp" überlebte zwei Weltkriege, drei Ehemänner und etliche Liebhaber.

Barbara Apolonia Chalupiec (Chalupec nach anderer Schreibweise) erblickte vermutlich am 31. Dezember 1894 – nach anderen Angaben erst am 3. Januar 1897 – in Lipno (Polen) das Licht der Welt. Ihr Geburtsort gehörte damals zum russischen Zarenreich. Wie bei Filmstars ihrer Generation üblich, machte sie aus ihrem genauen Geburtsdatum und ihrer Herkunft ein Geheimnis.

Ihr Vater Jerzy Chalupiec war ein aus der Slowakei zugewanderter Ungar und arbeitete als Klempner. Ihre Mutter Eleonora von Kielczewkska war eine polnische Adlige und brachte einen kleinen Laden mit in die Ehe. Wegen seines Widerstandes gegen das Zarenreich wurde der Vater nach Sibirien verbannt und starb dort.

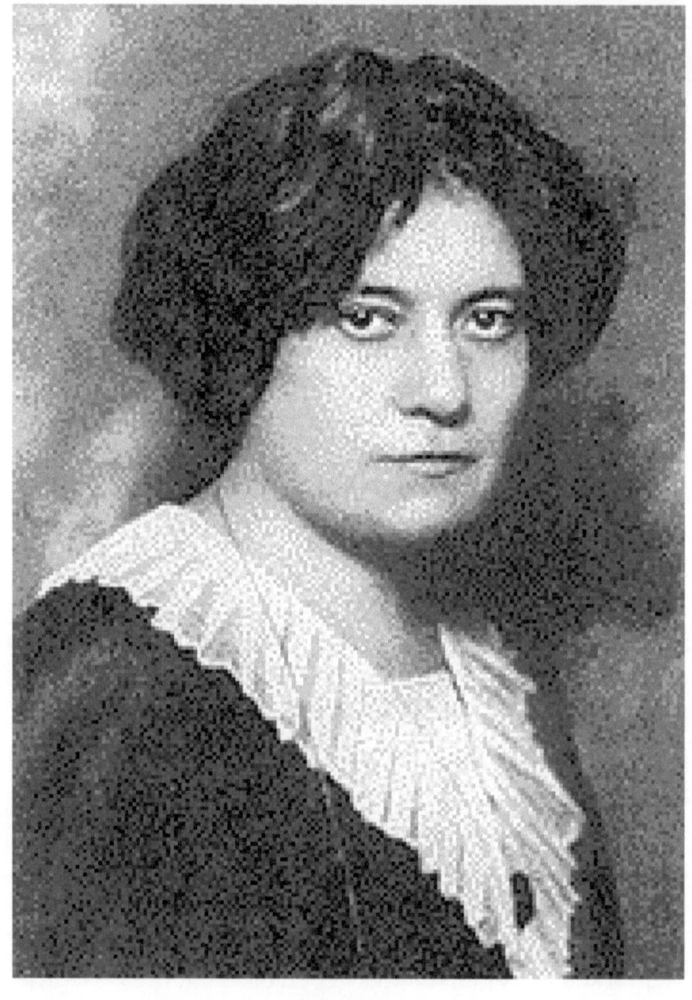

Dichterin Ada Negri (1870–1945)

Barbara Apolonia Chalupiec wuchs in einfachen Verhältnissen in Warschau auf. Sie besuchte die Ballettschule des Warschauer Nationaltheaters und feierte als Tänzerin am „Kleinen Theater" in Warschau ihr Debüt. Als sie an Tuberkulose erkrankte, brach sie ihre Ballettausbildung ab.

Von 1909 bis 1911 nahm Barbara Apolonia Chalupiec Schauspielunterricht an der „Skola Aplikacyjna" in Warschau. Als sie ein Hufeisen fand, glaubte sie, dieses bringe ihr Glück. Tatsächlich erhielt sie am Tag darauf ein Engagement. Ab 1913 trat sie am „Teatr Wielki" („Großes Theater") in Warschau auf. Aus Verehrung für die italienische Dichterin Ada Negri (1870–1945) wählte sie das Pseudonym „Pola Negri". Am „Sonntagstheater" in Sankt Petersburg (Russland) wirkte sie in verschiedenen Ballettinszenierungen mit. Unter anderem sah man sie in der Pantomime „Sumurun".

Nach Ausbruch des Ersten Weltkrieges (1914–1918) lebte Barbara Apolonia Chalupiec mit ihrer Mutter in Warschau. Damals litten die beiden Frauen unter finanziellen Schwierigkeiten. 1914 gab Pola in dem Streifen „Niewolnica zmyslów" („Sklavin der Sinne" oder „Tanz des Todes") der Filmproduktionsfirma „Sfinks" ihr Debüt auf der Kinoleinwand. Darin mimte sie als Tänzerin Pola den Typus „Vamp", der ihr Markenzeichen wurde.

Auf den Film „Sklavin der Sinne" folgten die Streifen „Zona" („Ehefrau", 1915), „Czarna ksiazeczka" (1916),

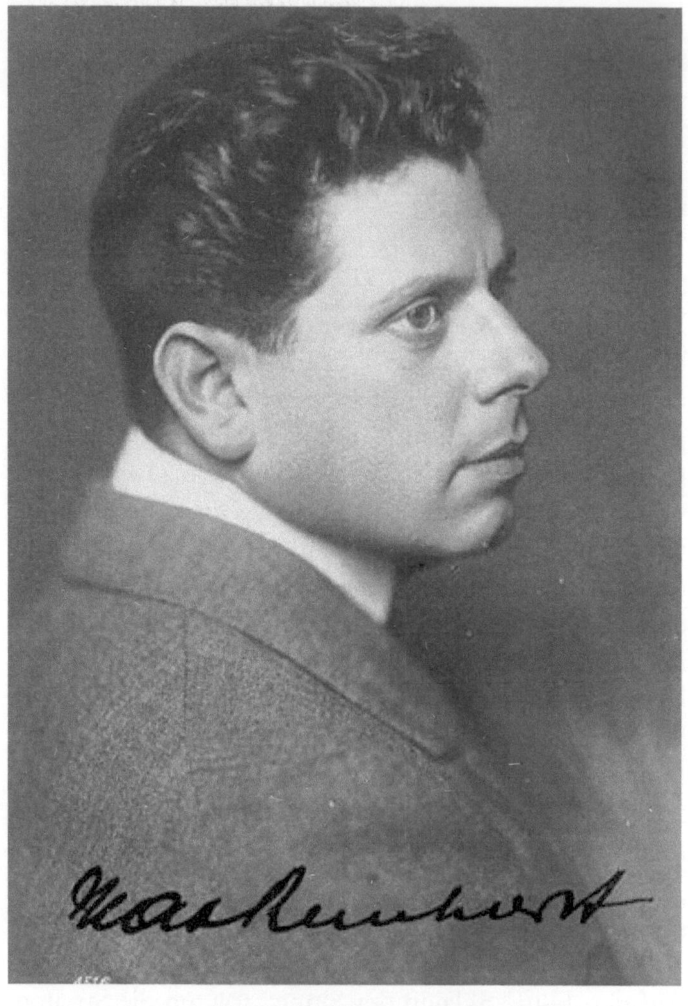

Theaterleiter Max Reinhardt (1873–1943)

„Studenc" („Studentenliebe", 1916), „Bestia" („Das Biest", 1917) und „Tajemnica Alei Ujazdowskich" („Das Geheimnis des Hotels X", 1917).

1916 wurde Pola Negri von dem aus Österreich stammenden Regisseur und Theaterleiter Max Reinhardt (1873–1943) nach Berlin geholt, wo sie noch im selben Jahr in der Pantomime „Sumurun" auftrat. Durch den Regisseur Ernst Lubitsch (1882–1947), kam sie zur „Universum-Film AG" („UFA"). Lubitsch soll gesagt haben. „'ne Polin isse, schwarzhaarig isse, also heeßte Pola Negri"

Ihr Filmdebüt in Deutschland feierte Pola Negri mit einer Doppelrolle in „Nicht lange täuschte mich das Glück" (1917). Ihren Aufstieg zum Star verdankte sie Ernst Lubitsch, mit dem sie qualitätvolle Filme wie „Die Augen der Mumie Ma" (1918), „Carmen" (1918), „Anna Karenina" (1919), „Madame Dubarry" (1919), „Sumurun" (1921) und „Montmartre" („Die Flamme", 1923) drehte.

Dank ihrer sehr erfolgreichen Filme avancierte Pola Negri zu einem der größten Stars. Bald gehörte sie zusammen mit Henny Porten (1890–1960) und Asta Nielsen (1881–1972) zum Dreigestirn der deutschen Filmstars. Man bezeichnete Pola respektvoll als „Duse der Leinwand". Eleonora Duse (1858–1924) war eine der gefeiertsten Theaterschauspielerinnen der Welt. In Berlin stahl man Pola 1921 ihren ganzen Schmuck und ihre wertvollen Pelze.

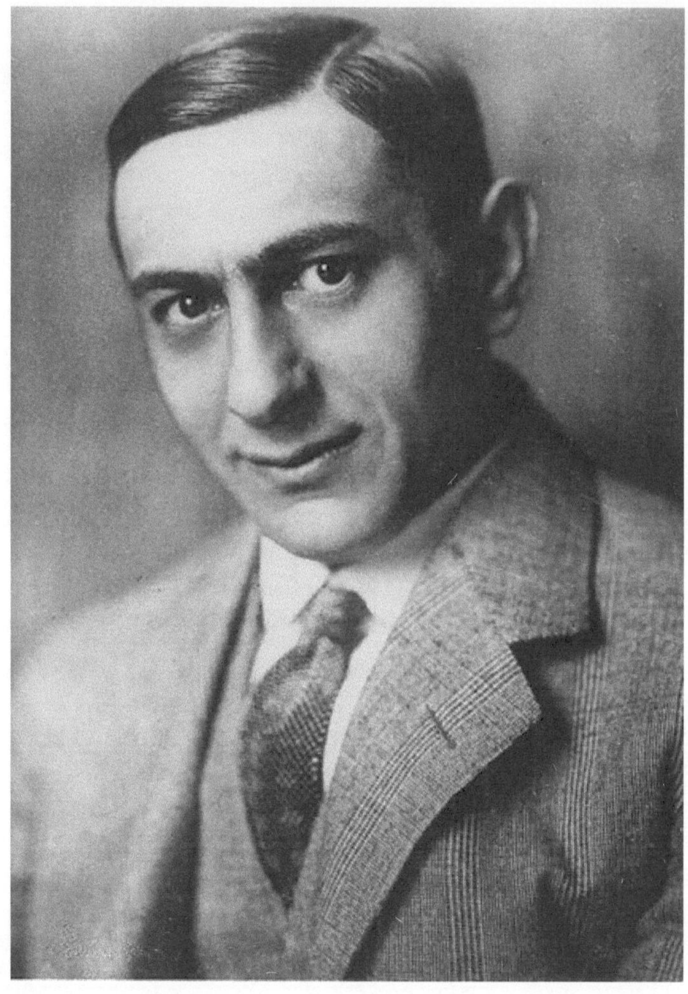

Regisseur Ernst Lubitsch (1882–1947)

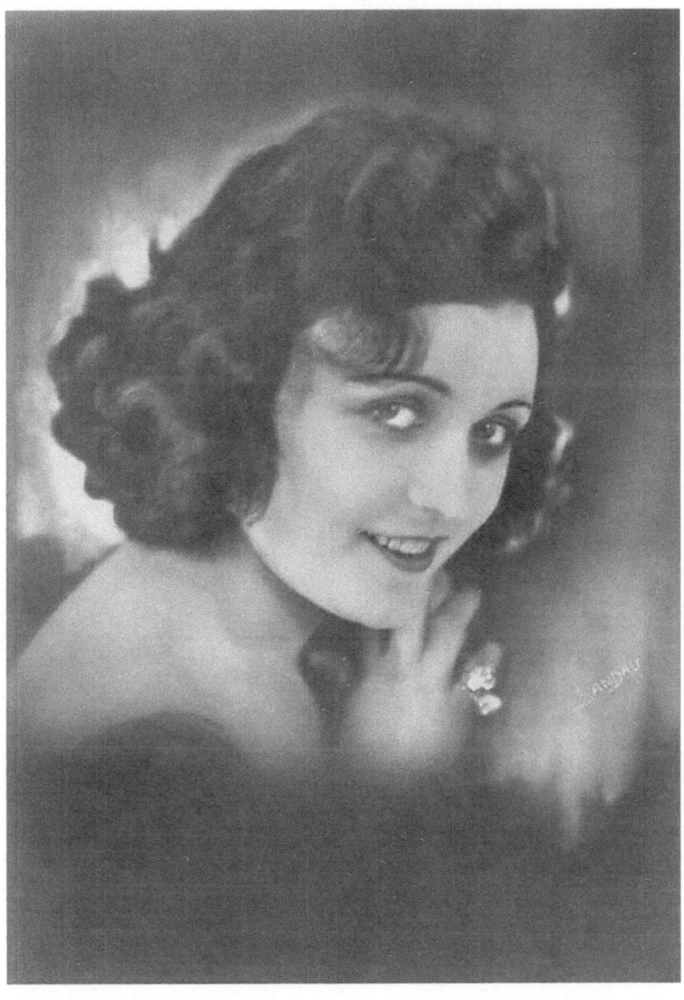

Pola Negri

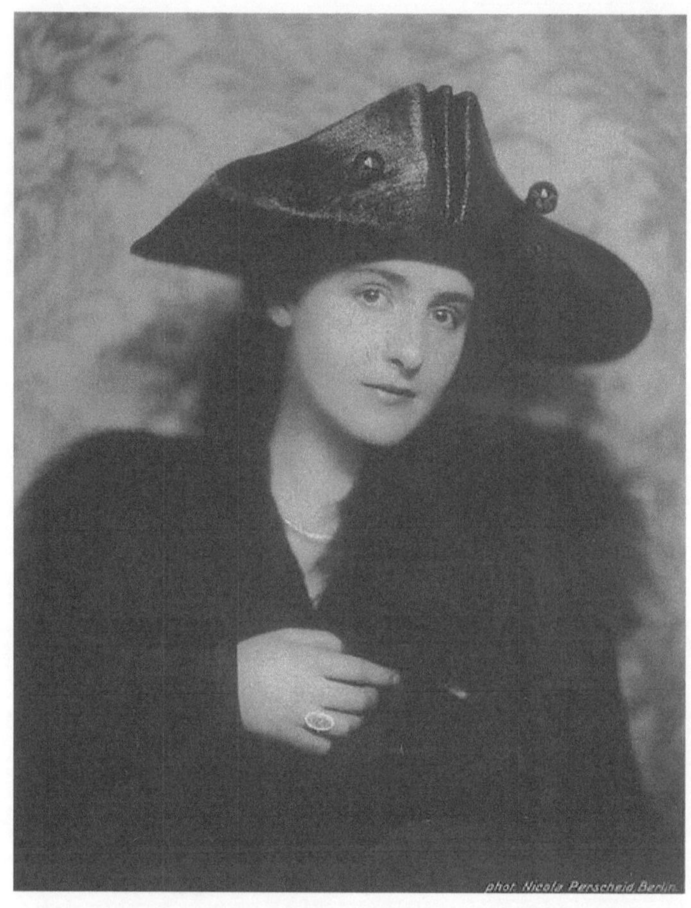

Henny Porten (1890–1960)

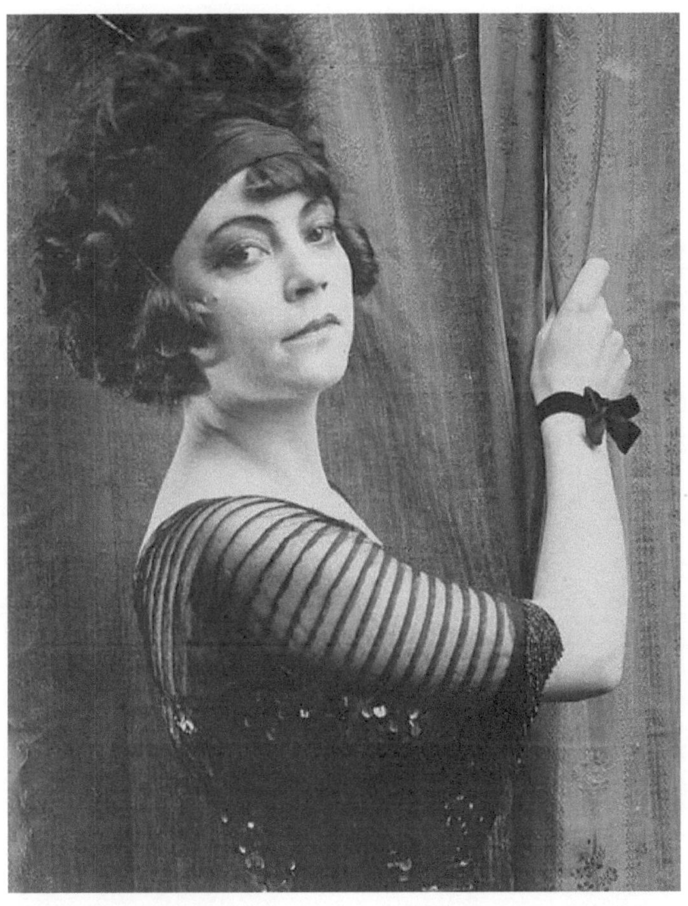

Asta Nielsen (1881–1972)

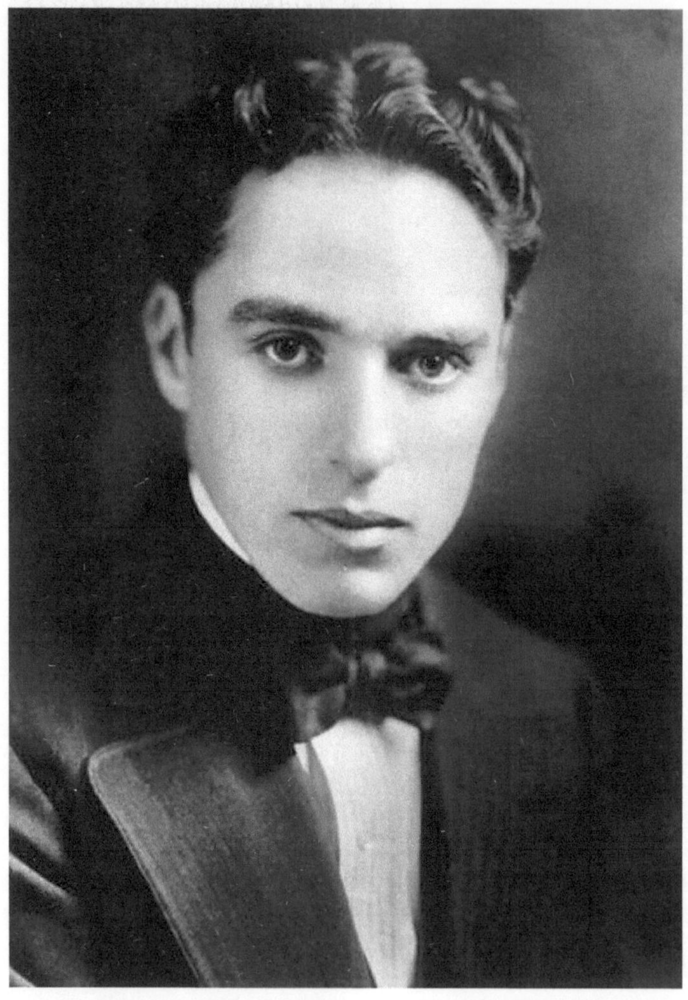

Charlie Chaplin (1889–1977)

Der Film „Madame Dubarry" machte Pola Negri international bekannt. Er kam in den USA unter dem Titel „Passion" in die Kinos und wurde ein Kassenerfolg. 1922 ging sie für 120.000 US-Dollar im Jahr nach Hollywood. Wenig später zahlte ihr das Filmstudio „Paramount" 250.000 US-Dollar. Pola war die erste europäische Schauspielerin, die nach Hollywood „importiert" wurde und entwickelte sich dort zum Inbegriff der verführerischen Frau, dem die Stummfilm-Helden unweigerlich zum Opfer fielen.

Auch in Amerika drehte Pola Negri phantastische Filme wie „Forbidden Paradise" („Das verbotene Paradies", 1924), „Hotel Imperial" („Hotel Stadt Lemberg", 1927) und „Barbed Wire" („Stacheldraht". 1927). Sie erhielt Traumgagen und kaufte 1925 das Schloss Seraincourt bei Rueil in Frankreich.

In den USA erregte Pola Negri nicht nur als Künstlerin, sondern auch durch Skandale und Affären – unter anderem mit Charlie Chaplin (1889–1977) und Rudolph Valentino (1895–1926) großes Aufsehen.

1922 wurde die bevorstehende Heirat von Pola Negri mit dem Filmschauspieler Charlie Chaplin angekündigt. Doch es blieb bei dieser Ankündigung. Was mit Liebe begonnen hatte, endete nicht mit einer Ehe, sondern mit gegenseitigen öffentlichen Beleidigungen.

1925 gab Pola Negri ihre Verlobung mit Rudolph Valentino bekannt, der in seinen Filmen unter verschiedenen Künstlernamen auftrat. Der aus Italien stam-

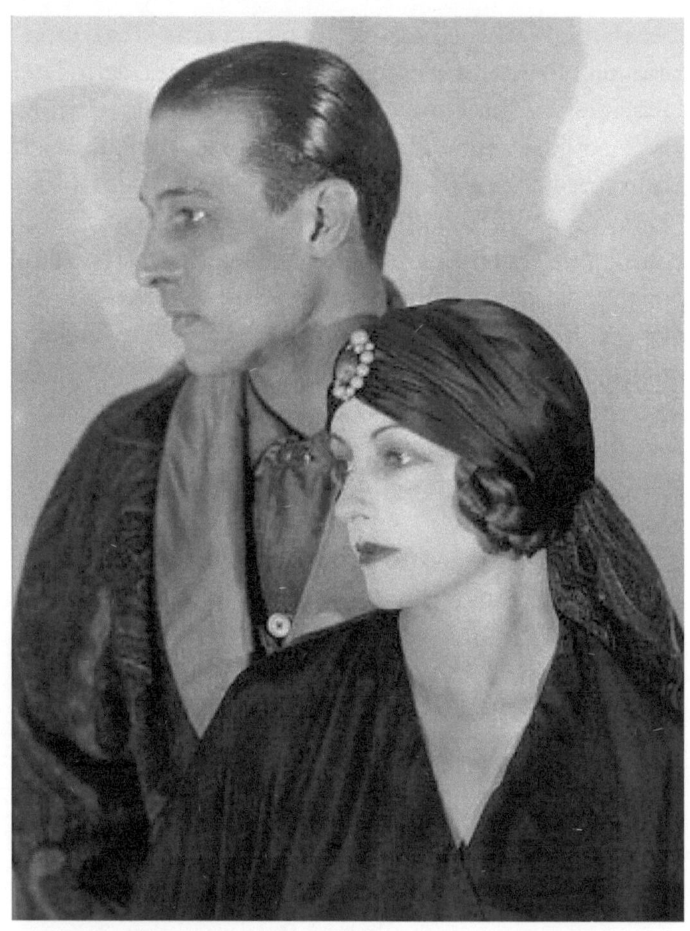

*Rudolph Valentino (1895–1926)
mit seiner zweiten Ehefrau
Natacha Rambova (1897–1966)*

mende Frauenschwarm hatte bis dahin wenig Glück mit seinen Gattinnen und damals hohe Schulden. Seine erste Frau war die lesbische Schauspielerin Jean Acker (1893–1978), die ihn noch in der Hochzeitsnacht aus dem Hotelzimmer warf. Wegen seiner zweiten Gattin Natacha Rambova (1897–1966), der er „auf die Nerven ging", wollte er sich 1924 erschießen, wovon ihn aber ein Freund abhalten konnte. Zur Hochzeit mit der Negri kam es nicht, weil Valentino am 23. August 1926 im Alter von nur 31 Jahren an den Folgen einer mysteriösen Blutvergiftung starb. Valentino soll mit dem Namen von Pola auf den Lippen sein Leben ausgehaucht haben. Während der Bahnfahrt zur Beerdigung von Rudolph Valentino soll Pola Negri beim Halt in jeder größeren Stadt auf die hintere Plattform des Zuges getreten und dabei vor Kummer dramatisch in Ohnmacht gefallen sein. Wenn Fotografen sich beschwerten, sie hätten diesen Schnappschuss verpasst, wurde Pola prompt erneut ohnmächtig. Bei der Beerdigung in New York City mit schätzungsweise 100.000 Trauergästen folgte sie wie eine Witwe dem Sarg und warf sich theatralisch darauf. Böse Zungen behaupteten, dies sei ihre beste Szene gewesen.

Wegen ihres polnischen Akzentes fiel Pola Negri anfangs der Übergang vom Stummfilm zum Tonfilm in englischsprachigen Ländern schwer. Zwischen 1929 und 1934 versuchte sie mit mehr oder weniger Erfolg ihr Glück in einigen englischen Tonfilmen. Sie kehrte nach

Europa zurück, machte in Paris Zwischenstation und drehte in Deutschland unter dem Regisseur Willi Forst (1903–1980) den Film „Mazurka" (1935), in dem sie eine Mutter darstellte, die den gewissenlosen Verführer ihrer Tochter erschoss. Den Gesangspart der hohen Töne in diesem Streifen übernahm die deutsche Schauspielerin und Sängerin Hilde Seipp (1909–1999).

„Mazurka" soll der Lieblingsfilm des nationalsozialistischen Diktators Adolf Hitler (1889–1945) gewesen sein. In Deutschland verdächtigte man Pola Negri zeitweise sogar einer Liebschaft mit dem „Führer". Nach „Mazurka" verkörperte sie auf der Kinoleinwand sich aufopfernde Mütter und verkannte Frauen. Danach sah man sie in den Filmen „Moskau–Shanghai" (1936), „Madame Bovary" (1937), „Tango Notturno" (1937), „Die fromme Lüge" (1938) und „Die Nacht der Entscheidung" (1938).

Pola Negri nahm einige ihrer in Filmen gesungenen Schlager in deutscher und teilweise auch in englischer Sprache auf Schelllackplatten auf. Besonders gelungen war ihre Version des Liedes „Wenn die Sonne hinter den Dächern versinkt" von Peter Kreuder (1905–1981). Kritiker bezeichneten ihre Interpretation dieses Liedes als die Beste.

Zur Zeit des Einmarsches der Deutschen in ihrem Heimatland Polen 1939 hielt sich Pola Negri an der Riviera auf. Danach wollte sie nicht mehr in Deutschland Filme drehen und folgte Ernst Lubitsch nach Hollywood, das fortan zu ihrem ständigen Wohnsitz wurde. Anfangs arbeitete sie dort für das „Rote Kreuz". In dem Streifen „Hi Diddle Diddle" (1943) persiflierte sie ihre alten Vamprollen. Während einer langen Filmpause verfasste sie ihre Memoiren, die sie 1949 abschloss und die später verfilmt wurden.

Bald danach bot sich Pola Negri die Chance, in dem Film „Boulevard der Dämmerung" (1950) von Billy Wilder (1906–2002) die Hauptrolle der Stummfilm-Diva Norma Desmond zu übernehmen. Nach Angaben von Wilder scheiterte dies am polnischen Akzent von Pola. Es heißt aber auch, die Negri habe es als Affront empfunden, einen vergessenen ehemaligen Star spielen zu sollen. Statt Pola bekam Gloria Swanson (1899–1983) diese Hauptrolle. Ab 1951 besaß Pola die amerikanische Staatsbürgerschaft.

1959 scheiterte ein geplantes Projekt in Deutschland: Pola Negri hatte unter der Regie von Wilhelm Dieterle (1893–1972), der etwa ab 1930 William Dieterle hieß, den Film „Herrin der Welt" drehen wollen. Zum letzten Mal trat sie in der Rolle einer reichen Ägypterin für den Streifen „The Moon-Spinners" („Der Millionenschatz", 1964) vor die Kamera.

Pola Negri war dreimal verheiratet. In manchen Texten über sie wurden ihr sogar irrtümlich fünf Ehemänner angedichtet. Jeder ihrer drei tatsächlichen Bräutigame trug einen wohlklingenden Adelstitel, was ihr offenbar imponierte.

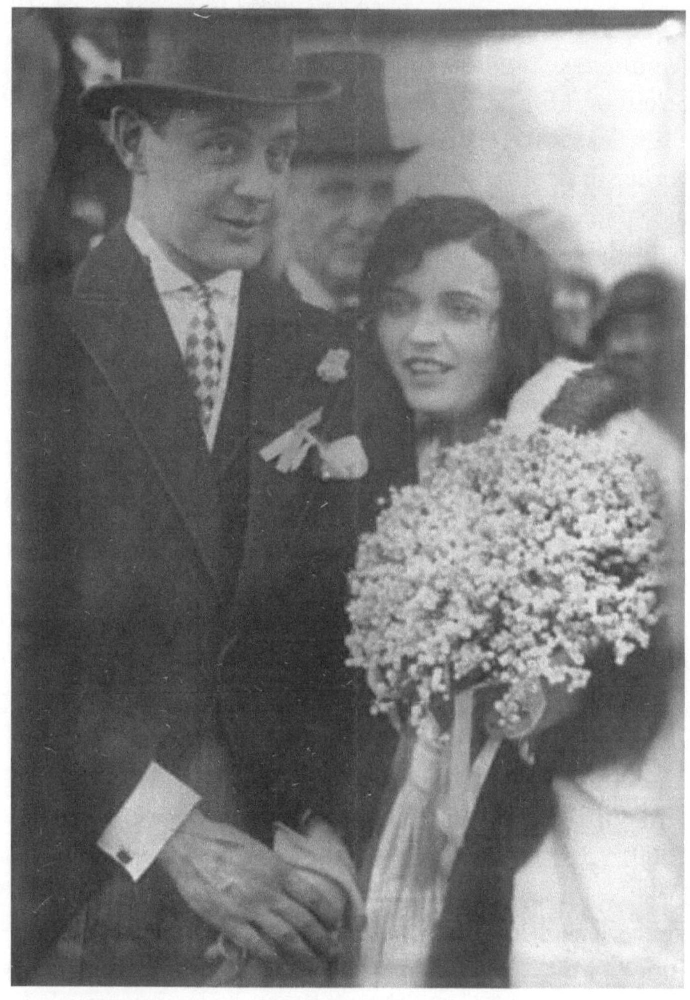

Pola Negri und Prinz Serge Mdivani

Im Alter von 17 Jahren heiratete Pola Negri den Baron Popper, einen polnischen Offizier. Bald danach kam es zur Scheidung der ersten Ehe.
Ehemann Nummer 2 von Pola Negri war Graf Eugene Domsky. Die zweite Ehe hielt von 1919 bis 1922. Danach hatte sie – wie erwähnt – Affären mit Charlie Chaplin und Rudolph Valentino.
Am 14. Mai 1927 heiratete Pola Negri den georgischen Prinzen Serge Mdivani (1903–1936). Dessen Vater Zaxharias Mdivani (1867–1933) war General bei der „Zaristischen Russischen Armee" im Ersten Weltkrieg und Oberkommandierender des Kaukaischen Militärbezirkes von April bis September 1917. Anschließend diente er in der Armee der „Demokratischen Republik Georgien" und emigrierte später mit seiner Familie nach Paris. Seine ehrgeizige Ehefrau Elisabeth Mdivani legte sich unkorrekterweise den Prinzessinnen-Titel zu und machte dadurch ihre Kinder zu Prinzen und Prinzessinnen. Die fünf Kinder Serge, Alexis (1905–1935), Isabelle Roussadana (1906–1938), David (1907–1984) und Nina (gestorben 1987) machten bei ihren Ehen oft gute Partien. Sie galten als die „heiratslustigen Mdivanis" und hatten den Ruf von Mitgiftjägern, obwohl ihre Familie Georgien nicht mittellos verlassen hatte. Alexis beispielsweise ehelichte 1933 Barbara Hutton (1912–1979), die Erbin des Woolworth-Konzerns. David heiratete 1944 Virginia Sinclair, die Erbin von „Sinclair Oil". Nach der Trennung von Pola arbeitete Serge ab

Herbst 1930 ab Geschäftsreisender bei einer Pariser Juwelier-Firma. Die zweite Ehe von Pola Negri mit Serge Mdivani wurde am 2. April 1931 geschieden. Danach wagte Serge 1931 eine zweite Ehe mit der Opernsängerin Mary MacCormick, die bis 1933 hielt. 1936 heiratete er Louise van Alen (1910–1997), die geschiedene erste Gattin seines Bruders Alexis, und Mitglied der Astor-Familie. 1936 verunglückte Serge beim Polospiel tödlich.

Ab Ende der 1950-er Jahre arbeitete Pola Negri als Immobilienmaklerin in San Antonio (Texas). Dort führte sie ein zurückgezogenes Leben, ging Fotografen aus dem Weg und lehnte wiederholt Filmangebote ab. Bei den Filmfestspielen 1964 zeigte man eine Retrospektive ihrer erfolgreichen Streifen, wofür sie erstmals nach langer Zeit wieder nach Berlin reiste.

Pola Negris Autobiografie „Memoirs of a Star" („Erinnerungen eines Filmstars", 1970) wurde ein großer Erfolg. Deswegen begann sie eine zweite Autobiografie, von der nicht bekannt ist, ob sie vollendet wurde. 1972 überreichte ihr Bundeskanzler Willy Brandt (1913–1992) in Deutschland die Gerhart-Hauptmann-Medaille in Gold.

An ihrem Sterbebett in einem Krankenhaus von San Antonio wurde Pola Negri von einem jungen Arzt betreut, der nicht wusste, wer sie war. Daraufhin setzte sie sich auf und sagte empört: „Sie wissen nicht, wer ich bin?" Am 1. August 1987 erlag Pola Negri im Alter

von 92 Jahren in einem Krankenhaus von San Antonio
einer Lungenentzündung. Noch zu Lebzeiten hatte sie
auf einem Friedhof bei New York eine große Grabstätte
in der Nähe von Rudolph Valentino erworben.

Filme von Pola Negri

(Auswahl)

Stummfilme

1914: Sklavin der Sinne (Niewolnica zmyslów) –
Regie: Jan Pawlowski
1915: Ehefrau (Zona) – Regie: Jan Pawlowski
1916: Studentenliebe (Studenc) – Regie: Aleksander
Hertz
1917: Das Biest (Bestia) – Regie: Aleksander Hertz
1917: Das Geheimnis des Hotel X (Tajemnica Alei
Ujazdowskich)
1917: Arabella
1917: Wanda Barska (Pokój nr 13)
1917: Seine letzte Tat (Jego ostatni czyn)
1917: Zügelloses Blut
1917: Nicht lange täuschte mich das Glück
1917: Küsse, die man stiehlt im Dunkeln
1917: Die toten Augen
1918: Rosen, die der Sturm entblättert
1918: Wenn das Herz in Haß erglüht
1918: Liebesersatz (Surogaty lyubvi) – Regie Viktor
Tourjansky
1918: Mania – Die Geschichte einer
Zigarettenarbeiterin – Regie: Eugen Illés

1918: Die Augen der Mumie Ma – Regie: Ernst
Lubitsch
1918: Der gelbe Schein
1918: Carmen – Regie: Ernst Lubitsch
1919: Das Karussell des Lebens – Regie: Georg
Jacoby
1919: Kreuziget sie!
1919: Madame Dubarry – Regie: Ernst Lubitsch
1919: Komtesse Dolly
1920: Die Marchesa d'Armiani
1920: Arme Violetta
1920: Sumurun – Regie: Ernst Lubitsch
1920: Das Martyrium
1920: Die geschlossene Kette
1921: Sappho – Regie: Dimitri Buchowetzki
1921: Die Bergkatze – Regie: Ernst Lubitsch
1922: Die Flamme – Regie: Ernst Lubitsch
1923: Bella Donna – Regie: George Fitzmaurice
1923: Die spanische Tänzerin (The Spanish Dancer)
– Regie: Herbert Brenon
1924: Die Schatten von Paris (Shadows of Paris) –
Regie: Herbert Brenon
1924: Cleo, das Mädchen der Straße (Men)
1924: Die Frau des Kommandeurs (Lily of the Dust)
1924: Das verbotene Paradies (Forbidden Paradise) –
Regie: Ernst Lubitsch
1925: Opfer des Blutes (East of Suez) – Regie: Raoul
Walsh

1925: Mariposa, die Tänzerin (The Charmer)
1925: Königin der Nacht (Flower of Night)
1925: A Woman of the World – Regie: Malcolm St.
Clair
1926: Die Lügenkönigin (The Crown of Lies)
1926: Wie werde ich meine Frau los? (Good an
Naughty)
1927: Hotel Stadt Lemberg (Hotel Imperial) – Regie:
Mauritz Stiller
1927: Stacheldraht (Barbed Wire), Regie: Rowland V.
Lee
1927: Qualen der Ehe (The Woman on Trial) – Regie:
Mauritz Stiller
1928: Das Geheimnis einer Stunde (The Secret Hour)
1928: Das zweite Leben (Three Sinners)
1928: Die Liebschaften einer Schauspielerin (Loves
of an Actress)
1928: Die Dame aus Moskau (The Woman from
Moscow)
1929: Die Straße der verlorenen Frauen (The Way of
Lost Souls) – Regie: Paul Czinner

Tonfilme

1932: Um eine Fürstenkrone (A Woman Commands)
1934: Fanatisme
1935: Mazurka
1936: Moskau – Shanghai
1937: Madame Bovary
1937: Tango Notturno
1938: Die fromme Lüge
1938: Die Nacht der Entscheidung
1943: Hi Diddle Diddle
1964: Der Millionenschatz (The Moon-Spinners)

Quelle: Wikipedia

Literatur

COSSART, Axel von: Pola Negri. Leben eines Stars, Köln 1988
FEMBIO Frauen-Biographie-Forschung
http://www.fembio.org
FLOREY, Robert: Pola Negri. Ihr Debut, ihre Filme, ihre Erlebnisse, Leipzig 1927
GAIKOWA, Rachel M.: Dämonische Weiber. Pola Negri, Mata Hari, Leipzig 1930
INTERNET MOVIE DATABASE
(Film-Datenbank) http://www.imdb.com
PROBST, Ernst: Superfrauen 7 – Film und Theater, Mainz-Kostheim 2001
PUBLIKUMSLIEBLINGE NICHT NUR VON GESTERN http://www.steffi-line.de
Internetseite von Stephanie D'heil, Düsseldorf
WIKIPEDIA (Online-Lexikon) http://wikipedia.org
WINNERT, Derek (Herausgeber): Pola Negri. Aus: Kino. Die große Welt der Filme und Stars, S. 135, Niedernhausen 1995

Bildquellen

Klaus Benz, Fotograf, Mainz-Laubenheim: 36

Bundesarchiv, Bild 102-10764 / CC-BY-SA (Foto vom November 1930): 22 (via Wikimedia Commons), lizensiert unter CreativeCommons-Lizenz by-sa-3.0-de http://creativecommons.org/licenses/by-sa/3.0/de/legalcode

Library of Congress, Print and Photographs Division, Washington (Foto von 1911): 15

Library of Congress, Print and Photographs Division, Washington, George Grantham Bain News Collection: 1

Paramount Pictures (Foto von Eugenie Richee von 1926, Sammlung von Mariusz Kotowski): 6

Reproduktion eines Fotos eines unbekannten Fotografen: 8

Reproduktion eines Fotos eines unbekannten Fotografen zwischen 1900 und 1920: 16

Reproduktion eines Fotos von Ernst Sandau, Berlin, auf einer Postkarte (Ross Verlag, Berlin) zwischen 1919 und 1924: 13

Reproduktion eines Fotos eines unbekannten Fotografen von 1924: 18

Reproduktion eines Fotos von Alexander Binder (1888 –1929) vor 1920: 12

Reproduktionen von Fotos von Nicola Perscheid (1864 –1930): 10, 14

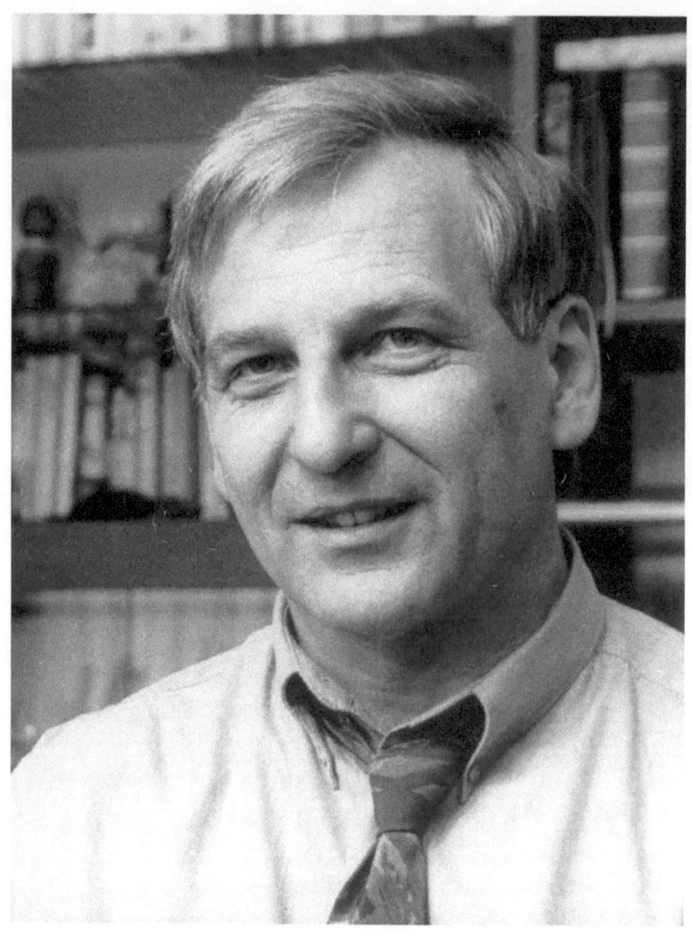

Autor Ernst Probst

Der Autor Ernst Probst

Ernst Probst, geboren am 20. Januar 1946 in Neunburg vorm Wald im bayerischen Regierungsbezirk Oberpfalz, ist Journalist und Wissenschaftsautor. Er arbeitete von 1968 bis 1971 als Redakteur bei den „Nürnberger Nachrichten", von 1971 bis 1973 in der Zentralredaktion des „Ring Nordbayerischer Tageszeitungen" in Bayreuth und von 1973 bis 2001 bei der „Allgemeinen Zeitung", Mainz. In seiner Freizeit schrieb er Artikel für die „Frankfurter Allgemeine Zeitung", „Süddeutsche Zeitung", „Die Welt", „Frankfurter Rundschau", „Neue Zürcher Zeitung", „Tages-Anzeiger", Zürich, „Salzburger Nachrichten", „Die Zeit", „Rheinischer Merkur", „Deutsches Allgemeines Sonntagsblatt", „bild der wissenschaft", „kosmos", „Deutsche Presse-Agentur" (dpa), „Associated Press" (AP) und den „Deutschen Forschungsdienst" (df). Aus seiner Feder stammen die Bücher „Deutschland in der Urzeit" (1986), „Deutschland in der Steinzeit" (1991) und „Deutschland in der Bronzezeit" (1996). Von 2001 bis 2006 betätigte sich Ernst Probst als Buchverleger sowie zeitweise als internationaler Fossilienhändler und Antiquitätenhändler. Insgesamt veröffentlichte er rund 200 Bücher, Taschenbücher, Broschüren und E-Books.

Bücher von Ernst Probst

(Auswahl)

Als Mainz noch nicht am Rhein lag

Annie Oakley
Die Meisterschützin des Wilden Westens

Archaeopteryx. Der Urvogel
aus Bayern

Christl-Marie Schultes. Die erste Fliegerin in Bayern
(zusammen mit Theo Lederer)

Cortés und Malinche. Der spanische Eroberer
und seine indianische Geliebte

Der Europäische Jaguar

Der Mosbacher Löwe
Die riesige Raubkatze aus Wiesbaden

Der Rhein-Elefant
Das Schreckenstier von Eppelsheim

Der Sögel-Wohlde-Kreis

Die nordische Bronzezeit in Deutschland

Die Hügelgräber-Kultur in Deutschland

Die ältere Bronzezeit in Nordrhein-Westfalen

Die Bronzezeit in der Lüneburger Heide

Die Stader Gruppe in der Bronzezeit

Die Oldenburg-emsländische Gruppe

Die Urnenfelder-Kultur in Deutschland

Die ältere Niederrheinische Grabhügel-Kultur

Die Unstrut-Gruppe

Die Helmsdorfer Gruppe

Die Saalemündungs-Gruppe

Die Lausitzer Kultur in Deutschland

Eiszeitliche Leoparden in Deutschland

Frauen im Weltall

Hildegard von Bingen. Die deutsche Prophetin

Höhlenlöwen. Raubkatzen
im Eiszeitalter

Julchen Blasius
Die Räuberbraut des Schinderhannes

Katharina II. die Große.
Die Deutsche auf dem Zarenthron

Johann Jakob Kaup
Der große Naturforscher aus Darmstadt

Königinnen der Lüfte in Deutschland

Königinnen der Lüfte in Europa

Königinnen der Lüfte in Amerika

Königinnen der Lüfte von A bis Z

Rund 70 Kurzbiografien berühmter Fliegerinnen,
Ballonfahrerinnen, Luftschifferinnen,
Fallschirmspringerinnen, Astronautinnen und
Kosmonautinnen

Königinnen des Films

Königinnen des Tanzes

Königinnen des Theaters

Malende Superfrauen

Meine Worte sind wie die Sterne

Die Entstehung der Rede des Häuptlings Seattle
(zusammen mit Sonja Probst)

Monstern auf der Spur
Wie die Sagen über Drachen, Riesen
und Einhörner entstanden

Neues vom Ur-Rhein
Interview mit dem Geologen und Paläontologen
Dr. Jens Sommer

Österreich in der Frühbronzezeit

Österreich in der Mittelbronzezeit

Österreich in der Spätbronzezeit

Pompadour und Dubarry. Die Mätressen
von Louis XV.

Raub-Dinosaurier von A bis Z.
Mit Zeichnungen von Dmitry Bogdanav
und Nobu Tamura

Rekorde der Urmenschen
Erfindungen, Kunst und Religion

Rekorde der Urzeit
Landschaften, Pflanzen und Tiere

Säbelzahnkatzen. Von Machairodus
bis zu Smilodon

Säbelzahntiger am Ur-Rhein. Machairodus
und Paramachairodus

Superfrauen aus dem Wilden Westen

Superfrauen 1 – Geschichte

Superfrauen 2 – Religion

Superfrauen 3 – Politik

Superfrauen 4 – Wirtschaft und Verkehr

Superfrauen 5 – Wissenschaft

Superfrauen 6 – Medizin

Superfrauen 7 – Film und Theater

Superfrauen 8 – Literatur

Superfrauen 9 – Malerei und Fotografie

Superfrauen 10 – Musik und Tanz

Superfrauen 11 – Feminismus und Familie

Superfrauen 12 – Sport

Superfrauen 13 – Mode und Kosmetik

Superfrauen 14 – Medien und Astrologie

Tony und Bruno Werntgen. Zwei Leben für die Luftfahrt
(zusammen mit Paul Wirtz)

Was ist ein Menhir?
Interview mit dem Mainzer Archäologen
Dr. Detert Zylmann

Weisheiten der Indianer

Wer ist der kleinste Dinosaurier?
Interviews mit dem Wissenschaftsautor Ernst Probst

Wer war der Stammvater der Insekten?
Interview mit dem Stuttgarter Biologen
und Paläontologen Dr. Günther Bechly

Zenobia von Palmyra.
Eine Frau kämpft gegen die Römer

Bestellungen bei: http://www.grin.com